ODE

DE

LA CHASSE

PAR

ESTIENNE IODELLE

PARIS
ALPHONSE LEMERRE, ÉDITEUR
—
M.D.CCC.LXXII

ODE

DE

LA CHASSE

Extrait de :

LES ŒVVRES

Et Meslanges poëtiques

D'ESTIENNE IODELLE

Avec des Notes

Par Ch. Marty-Laveaux

8421. — Paris, imprimerie Jouaust, rue Saint-Honoré, 338.

ODE

DE

LA CHASSE

PAR

ESTIENNE IODELLE

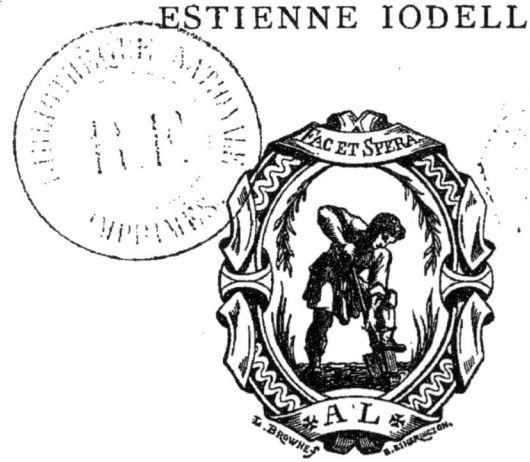

PARIS
ALPHONSE LEMERRE, ÉDITEUR
—
M.D.CCC.LXXII

ODE DE LA CHASSE

AV ROY.

En quoy me sen-ie ores pousser
   Dans ce bois, remerquant les places
   Où ie t'ay veu ces iours chasser
   (SIRE) estant present à tes chasses ?
   Sus quitton nostre Lyre, allon
   Quester, chasser, poursuiure, ô Muse,
   Suy moy, Deesse, & ne refuse
   D'imiter ton frere Apollon :
Qui bien souuent ayant sonné
   Des Dieux la gloire, & la nature,
   Et du grand Monde façonné
   Par eux la cause & la structure :
   Ou bien sonné les fiers Geans,
   Qui par son pere à coups de foudre
   Furent en quartiers & en poudre
   Espars dans les champs Phlegreans :
En sa main, dont si doctement
   De son archet sa Lyre il touche,

Accompagnant son instrument
Des diuins accords de sa bouche,
Prend soudain l'arc d'argent, & va
Chasser dans vn bois solitaire,
Ou bien quelque monstre deffaire,
Ainsi que Python il tua.
Comme ce celeste sonneur
Ie sonnoy d'vn grand Dieu les gloires,
Et de mon Roy l'heur & l'honneur,
Attendant sonner les victoires
Tant d'vn tel Dieu que d'vn tel Roy,
Sur ceux qui leuent leur audace
Contre eux : mais ie sens d'vne Chasse
L'ardeur ores bouillir dans moy.
Dés l'autre iour l'humeur m'en print,
SIRE, en suiuant ton assemblee,
Et depuis l'ardeur qui m'éprint
Est tousiours en moy redoublee,
Non pas pour seulement quester
Bestes fauues, noires, ou autres,
Qui repairent aux forests nostres,
Mais pour d'autres monstres domter.
Sans ensuiure pourtant ce Dieu
Chasseur, & Harpeur, & sans prendre
Au lieu de ma Lyre vn épieu,
I'aime mieux ma Lyre retendre,
Et sur elle chanter si bien
La chasse qu'ores ie proiette,
Que mesme à l'œil ie te la mette
Pour le proffit & plaisir tien.
Car en tout ce que i'ay vouloir
(SIRE) de rechercher ou faire,
De dire, escrire, ouïr, & voir,
La fin qui seule m'en peut plaire,
C'est d'y pouuoir auecq' plaisir
Prendre vn proffit d'esprit ensemble :
Car quand ce double fruit s'assemble,
C'est le but parfait d'vn desir.

Aussi mesme en ce que ie veux
  Offrir aux grands, ie me propose
  De leur faire ensemble ces deux
  Cueillir en vne mesme chose :
  Le plaisir remuant les cœurs
  Leur attrait l'esprit, & l'oreille,
  Et l'autre leur deuoir éueille
  Aux conseils, aux faits, & aux mœurs.
Si dans mes vers tu ne voulois
  Chercher que la fueille agreable
  Sans fruit, l'escorce sans le bois,
  Le bois sans le suc proffitable,
  I'aimerois mieux te voir tousiours
  Baller, courre, escrimer, t'esbatre
  A cent ieus, & faire combatre
  Dans ta court ton Once & tes Ours :
Ou bien chasser, non pas ouïr
  La Chasse qu'ici ie t'ay faite,
  La Musique ouïr, non iouir
  D'vne Musique plus parfaite,
  Par laquelle taschant chasser
  A cor & cri nostre manie,
  Ie veux la paisible harmonie
  Faire à tes suiets embrasser.
Ou bien i'aymeroy mieux te voir
  Amuser d'vne masquarade,
  Vuide de sens & de sçauoir,
  Te paissant de vaine brauade :
  Ou t'amuser par des bouffons
  De ce qui par eux Comedie
  Se nommeroit, ou Tragedie,
  Et des deux n'auroit que les noms.
I'ay le premier de ces deux ci
  L'honneur en ta France fait naistre,
  Qui des Rois, qui du peuple aussi,
  Deux diuers miroirs souloyent estre :
  Si les premieres n'ont esté
  Parfaites pour mon trop ieune age[2],

Ie me fuis en ce double ouurage
Moymefme depuis furmonté.
I'ay (pour n'efloigner mon propos)
Maint grand labeur tafché parfaire,
Pour ce bien du commun repos
Diftrait de nous, à nous retraire,
Tant pour domter l'opinion,
L'abus, & l'ardeur aueuglee,
Qu'en la police dereiglee
Chercher la reigle & l'vnion.
Mais fur ma Lyre ie ne veux
Maintenant chantant vne Chaffe,
Que dreffer quelques petits vœus
Sur le mal qu'il faut que lon chaffe,
Et dedans mes vers rapportant
L'vne & l'autre pourfuitte & quefte,
Faire que ce chant que i'apprefte
T'aille doublement contentant.
Car comme du plaifir i'ay dit,
Si en cela que ie te donne
Tu recherchois le feul proffit
Et le maintien de ta couronne,
Tu ferois mieux en ton royal
Confeil, arrefté du langage
D'affaires, & du fainct vifage
Du graue & docte l'Hofpital.
La Ieuneffe, la Royauté,
Et des Princes la nourriture,
Font que toute feuerité
Repugne fort à leur nature :
Mais fi faut-il qu'armes & loix,
Honneur, vertu, fçauoir, prudence,
Fuft-ce entre le feftin, la dance,
Et le ieu, f'apprennent des Rois.
Vn Prince fe peut deftourner
Tant de l'amour que de l'eftude,
De tout ce qui peut plus l'orner,
Que fon fceptre : foit par trop rude

Couſtume de l'aſſuiettir,
Soit par face, ou façon, ou faute
De pouuoir l'humeur bruſque ou haute,
En y conſentant diuertir :
Par faute de meſler le ieu
Et les gais mots, par la doctrine
Se faire plaire, & peu à peu
Luy faire plaire la diuine
Racine de tout heur & bien,
Faſcheuſe quand on la propoſe :
Mais qui ne ſçait qu'en toute choſe
Qui bien ne gouſte n'aime rien ?
Or ſus donc (SIRE) excite toy
D'vne courſe de Cerf, chantee
Briefuement, & meſme la croy
Vraye, & non pas repreſentee.
Ie te voy ia (SIRE) appreſté :
Car ayant ceſte matinee
A la volerie donnee,
A cheual tu es remonté.
Le buiſſon au matin ſ'eſt fait,
Faiſant beau, reuoir & cognoiſtre,
Et qu'vn bon chien eſtoit au trait
Dans la main d'vn veneur adextre,
Qui voyant, iugeant, defaiſant,
La nuict parlant, & faiſant feſte
Au chien, qui vouloit de la beſte,
Et touſiours çà & là briſant :
Conduit tant par l'aſſentement
Du chien, que par ſa propre veuë,
Soit que par le pied ſeurement,
Le temps, & la route il ait veuë,
Qu'il ait les portees, ou bien
Les foulees, les repoſees,
Ou autres choſes aduiſees,
En ſon meſtier n'oubliant rien :
A deſtourné ſon Cerf, & fait
Son rapport, ſans que les fumees

Apporté dans *fa trompe il ait,*
Pource que fe trouuans formees[a]
En Aouft & Iuillet feulement,
Par troches en Iuin, & encores
Par platteaux en May, du tout ores
Elles font hors de iugement.
Ia departis font les Relais,
Et pendant que moy d'ainfi dire,
Toy d'ainfi m'ouïr tu te plais,
Nous fommes ia paruenus (SIRE),
Au laiffer-courre, il faut penfer
De piquer tant que tout tu voyes :
Voila, le Veneur fur les voyes
Tient fon limier preft à lancer.
Ce limier l'auoit mené droit
Aux brifees, tant il eft fage,
Puis a toufiours fuiui fon droit :
Tant peut la nature & l'vfage
Les beftes mefme façonner.
La meute des chiens ne demeure
Gueres loin apres, pour à l'heure
Bien decoupler & bien donner.
Ce Cerf, pauure Cerf qui caché
Dans l'epais du buiffon fe penfe,
Où ce matin l'a rembufché
Ce mefme limier qui le lance,
De fa vie en fes pieds difpos
Se fie, tous ces bois refonnent
D'vn long gare-gare, & fe fonnent
Par ce tien Veneur deux longs mots.
Tout foudain que ce lancement
A nos oreilles fe vient rendre,
On fait le prompt decouplement
Par quatre ou cinq longs mots entendre :
Toute ame fe peut afferuir
A fes fens : mais l'œil, & l'oreille,
Contens ici, par nompareille
Force nous peut poindre & rauir.

Voy-le-ci (Sire) *dans ce fort,*
 Aller par ces portees mesme :
Il rompt, il brise, il bruit, il sort,
 Et desia de vistesse extreme
Se court, se presse à cri & cor,
 Suiui de la meute courante,
 Tout ensemble apres luy parlante,
Attendu des relais encor.
Tu vois ces prompts piqueurs brusler
 D'ardeur, & tantost par bruyeres,
 Tantost par fustayes voler,
Par champs, par forts, & par clairieres :
Des mots de leur trompe animans
 Ensemble les chiens & la beste,
 Et au plaisir de la conqueste
Plus qu'à la proye s'enflammans.
Ie ne m'estonne d'Orion,
 Ny d'Adonis, ny d'Hippolyte,
 Ny du miserable Acteon,
Ny d'Atalante, ou de la suite
Que Diane souloit mener :
 Car ce plaisir dompteur des vices,
 Passe tous plaisirs & delices
Qui ne nous font qu'effeminer.
Tant que ceux-ci, qui nuict & iour
 Menans leur vie chasseresse,
 Fuyoyent le casanier seiour,
Qui se couplant à la paresse
Se fait l'engendreur de tous maux,
 Outre leur deduit & leur queste
 Auoyent l'heur de la vie honneste
Pour grand loyer de leurs trauaux.
On feint les plus forts Dieux chasseurs,
 Ainsi qu'Hercule, & Phebus mesme :
 Car tousiours la grandeur des cœurs,
La force & la Noblesse s'aime
Aux chasses, qui peuuent dresser
 Beaucoup, & maint les sçait bien faire,

Qui peut en guerre l'aduerfaire,
Et en paix les crimes chaffer.
Mais retourner au Cerf il faut,
Qui d'vne longue randonnee
Forlongeant, fait eftre en defaut
Toute noftre meute eftonnee :
Il faut que ces chiens ia branlans
Toufiours en crainte fe retiennent,
Tant qu'eux-mefme aux voyes reuiennent,
Apres leur Cerf toufiours allans.
Il fait fes rufes maintenant
Que luy a peu fon age apprendre,
Aux hardes des beftes donnant,
Pour faire aux chiens le change prendre :
Ou bien querir (peut-eftre) il va
D'autres Cerfs, que toufiours il chaffe
Deuant foy, par fi long efpace
Qu'il face fuiure vn de ceux là.
Ou n'ayant qu'vn feul Cerf trouué
Dedans fa repofee, à l'heure
Il le chaffe : & d'où f'eft leué
Ceft autre, le noftre demeure :
Ou tout au bout d'vn long fuyant
Bondift au fort, ou bien il vfe
Encores de mainte autre rufe
Sur luy fuyant & refuyant.
Si pas vn de tes chiens n'a fceu
Defaire la malice fienne,
Et que relancer ne l'ait peu,
Il faut que le limier on prenne,
Et qu'on commence à requefter
Depuis la brifee derniere,
Où l'on a veu les chiens derriere
Leur proye branfler & douter :
Suiure les voyes, aduifer
Fort bien f'il demeure, ou f'il paffe
Songer comme il a peu rufer,
Tant que fes rufes on defface :

Et qu'en parlant alors ainſi
Qu'au laiſſer-courre on le relance.
Or ſus donques chacun ſ'auance
Pour y eſtre, & toy (SIRE) *auſſi.*
De la trompe les meſmes mots
 Que i'ay dits parauant, ſe ſonnent :
De meſmes cris, meſmes propos
 Tous les lieux d'alentour reſonnent :
On le recourt, rebaudiſſant
 Les chiens, grande eſt la randonnee :
Mais la beſte en fin maumenee
 Perd ſon haleine en ſe laſſant.
Ce pauuret preſſé de ſi pres
 Par la meute qui le mau-meine,
Veut gaigner quelque eau tout expres,
 Pour fraiſcheur reprendre & haleine :
Mais las ! chetif il apprendra
 Tout au rebours que la viſteſſe
Dedans l'eau nuiſible ſe laiſſe,
 Et toſt les abois il rendra.
Quelques Cerfs ſe font par les eaux
 Porter, de peur que les chiens viennent
Les aſſentir : dans les roſeaux
 Quelques autres cachez ſe tiennent :
Vn autre porter ſe fera
 Sur le dos de quelque autre beſte,
Mais de ceſtuy la mort eſt preſte,
 Peu apres que ſorti ſera.
Aux trouſſes ia les chiens ardans
 Le tiennent, il eſt ia par terre,
Ils le tiraſſent de leurs dents,
 Iouïſſans du fruit de leur guerre :
Les larmes luy tombent des yeux :
 Et bien que pitié preſqu'il face,
Si faut-il que de telle chaſſe
 Sa mort ſoit le pris glorieux.
La mort du Cerf ſe ſonne, alors
 Les monts, les vaux, & les bois, rendent

Les bruyans & hautains accors,
Que les trompes dans l'air espandent.
On coupe & leue vn des pieds droits,
On abat l'orgueil de sa teste,
Qui sont (SIRE) de ta conqueste
Les enseignes & premiers droits.
On se met (peut-estre) à parler
Voyant ceste teste ramee
De frayer, brunir, & perler,
De bien sommee, & bien paumee,
De bien roüee, & si elle a
Marrein, andouilliers, & goutieres
D'vn fort vieux Cerf, & cent manieres
De dispute outre celles là :
Si lon auoit premierement
Bien iugé qu'il fut Cerf courable,
S'il est Cerf dix cors ieunement,
Ou fort vieux Cerf & fort chassable :
Si le pied monstroit bien que c'est,
Et tous signes qu'on a peu prendre,
En ton retour tu peux entendre,
Tout tel deuis qui aux grands plaist.
Là souuent du particulier
On tombe à parler de la chasse
En commun, comme du Sanglier,
Soit que lors du Vautray lon face,
Ou d'autres façons le discours[a] :
Quand par grands leuriers que lon iaque,
Au sortir du fort il s'attaque
Du costé qu'on a fait l'accours.
Ces animaux grondans, fumans
A gueule ouuerte, armez d'horribles
Deffenses, bauans, écumans,
Et plus dangereux que terribles,
Se peuuent à cheual tuer
De l'espee : mais ie m'asseure
Que l'espieu est l'arme plus seure,
Soit pour atteindre ou pour ruer.

ODE DE LA CHASSE.

On parle des loups que lon prend
  A la huee, ou d'autre forte,
Du carnage par qui lon rend
  La gloute befte prife & morte :
  On parle des cheureuls, des daims,
  Et d'autres, foit pour courre, ou tendre,
  Ou pour épiant les furprendre
  D'vn plomb, ou bien d'vn trait attaints :
Ainfi que l'Ours qui ne court fus
  Aux gens, tant que mal on luy face,
  Ains attend le coup de deffus
  Vn haut arbre. Or quand on le chaffe
  De fes cauernes les grands trous
  On boufche, & bien qu'il grimpe, & ruë
  Des pierres, qu'il ferre, & qu'il tuë,
  Cede en fin aux chiens & aux coups.
Puis du caut Renard buiffonnier,
  Qui toufiours entre les chiens vfe
  De tours rufez, mais du leurier
  La dent finit en fin fa rufe :
  Ou de petits chiens lon fe plaift,
  Comm' au Blereau luy faire guerre ,
  On efcoute, on houë la terre
  Droit fur l'accul quand il y eft.
Parler auffi du Lieure on peut
  Qu'à force on prend, ou d'vne forte
  Rare, quand le Leopard veut
  En quatre ou en cinq fauts l'emporte :
  Mefme on peut difcourir combien
  A leuretter on fe peut plaire,
  Quand en plaine rafe on voit faire
  Au lieure & aux leuriers fort bien.
Pour le quefter on va marchant
  Par rang dedans telle campagne,
  Le Pelaud part : on va lachant
  Les leuriers, les cheuaux d'Efpagne,
  Et les viftes courtaus apres
  Font poudroyer leur longue trace :

Il se court, s'atteint, se bourrasse,
  Tant il a son ennemi pres.
Point ne luy fait perdre le cœur
  L'atteinte d'atteinte suiuie,
  Ses pieds sont œlez par la peur,
  Qui seuls peuuent sauuer sa vie :
  Il est mis en fin au noüet,
  Dont quelquefois mesme il eschappe
  Par bonds quelquefois il se happe,
  Et criant roidit le iarret.
Des animaux plus estrangers
  On peut en bref toucher la chasse,
  Comme des bien ramez Rangers,
  Ou des Lyons qu'au feu lon chasse,
  Des Tygres qu'on trompe au miroir,
  Des Elephans qu'aussi lon trompe,
  Et dont ne peut la forte trompe
  Contre l'esprit humain valoir.
Tels propos s'enflent estans pleins
  De mots propres à ce langage,
  Dont les Grecs, & dont les Romains
  N'eurent iamais si riche vsage :
  Là sonnent ces mots de limier,
  Chien-courant, dogue, chien-d'attaque,
  Epagneu, chien d'Artois, & braque,
  Barbet, turquet, allant, leurier.
Là des chiens oublier ne faut
  La race, couleur, & maniere,
  Les noms, comme Miraut, Briffaut,
  Tirebois, Cleraude, & Legere :
  Et en leuriers, Iason, Volant,
  Cherami, Cigoigne, Cibelle :
  Et cent noms dont on les appelle,
  De toutes les sortes parlant.
D'etabler, de rere, d'aller,
  De bontems, de fraye, gaignage,
  Du contre-pié, du suraller,
  D'os, de pinces, du viandage :

Bref, de tout autre jugement
Qu'il faut que l'on face à toute heure,
D'entree, sortie, demeure,
Suitte, dreſſement, lancement :
Des diuers langages qu'on doit
Dire aux chiens, diuers mots de trompe,
Et diuerſes voix que lon oit,
Du change, auquel il faut qu'on rompe
Les chiens, ou de leur long defaut,
De bien remeuter, de viſteſſe,
De creance, voire ſageſſe,
Qui ſur tous aux chiens blancs ne faut :
Du cours de Chaſſe, & des abois,
Des teſtes, meulles, cheuilleure,
De perches, couronnes, epois,
Andouilliers, trocheure, & paumeure,
Puis des traces, & du ſouillard,
Des marches, laiſſees, fumees,
Et tant d'autres accouſtumees
Façons de parler en tel art.
On oit de toiles, de haler,
De bloquer, crochetter, d'enceindre
De harts, & de perches, parler,
D'épieux, que diuers ſang peut taindre
Sans en vſer : parler de pans,
De maiſtres, de nappe, de mailles,
Du fauue, du noir, de bichailles,
De layes, marcaſſins, & fans :
De broquars qui les dagues ont,
Puis des beſtes de compagnie,
Ou qui au tiers ou quart an ſont,
Et tous les mots de Venerie :
Ou d'autres chaſſes, ſoit pour voir,
Pour queſter, pour pourſuiure, ou prendre
Et que nul vers ne peut comprendre,
Sont pris là pour vn grand ſçauoir.
Là quelqu'vn (peut-eſtre) ialoux
De ces longs diſcours, & encore

Piqué du plaisir que sur tous
Il aime, il exerce & honore,
Subtilement destournera
Le propos hors de Venerie,
Et haut & dru de Volerie,
Mais en bref pourtant parlera.
L'occasion se peut choisir
 Sur cela que lon t'a fait prendre
Ce matin aux oiseaux plaisir,
 Auant que par course entreprendre
De forcer ce Cerf, & premier
D'Austrucher sera la parole,
Soit qu'en saison propre se vole
Le perdreau par vn Espreuier:
Soit que d'autres oiseaux de poing
 On vole aussi pour champs, à l'heure
Que ces perdreaux font ia plus loing
Leurs vols, d'aile aussi roide, & seure
Que pere & mere, ou quand ils sont
Ia perdrix, qui vieilles deuiennent :
Pour tel vol sur le poing se tiennent
Les Autours, qui guerre leur font.
Ou bien leurs Tiercelets qu'on croit
 Faire mieux, & que plus on aime,
Mesme souuent dresser on voit
 L'oiseau de leurre à ce vol mesme :
Vn Lanier dans l'air se soustient
Sans fin, & roüant ne s'écarte
Iusqu'à tant que son gibbier parte,
Mesme vn Faucon long temps s'y tient.
Qui plus est, vn Sacre, vn Gerfaut,
 Se dresse à ceste mesme proye,
Qu'auparauant ietter ne faut
 Que partir leur proye on ne voye :
Tous ces oiseaux ne bloquent pas
Lors que les perdrix ils remettent :
Mais tous, quand ils sont bons, les mettent
Au pied, fondans soudain en bas.

Soit oiseau de leurre, ou de poing,
  De petits chiens pour la remise,
  Sages & bons, lon a besoing,
  Que peu ardens, & à la prise
  Iamais aspres, lon doit choisir :
  Leur deuoir, auec l'aile bonne
  De l'oiseau, aux cuisines donne
  Du gibbier, & aux yeux plaisir.
Ie te diroy bien comm' apres
  Il suiura le vol pour riuiere,
  Et quand de mares on est pres,
  Ou ruisseaux, en quelle maniere
  Les oiseaux alors decouuerts
  Se iettent à mont, là où vaine
  Est l'attente, s'on ne prend peine
  Que leurs gibbiers soyent bien couuerts :
De quels cris on vse, & quels mots,
  De quel egard & patience,
  Pour faire tourner à propos
  D'vn oiseau la teste, où lon pense
  Qu'il ait mieux sur sa proye l'œil,
  De crainte que lon ne foruuide,
  Comme on croise, comme lon vuide,
  Contentant & l'œil & le vueil.
Les Ridanes sont le gibbier,
  Les Varriens, & les Sarcelles,
  Sur tout le Canard, qu'vn Lanier,
  Ny qu'vn Faucon à tire-d'œle
  Ne peut r'auoir, si quand il part
  Il ne l'arreste, & lors en terre
  Fondant roide comme vne pierre,
  Assomme sous soy le Canard.
Ie te feroy encor' iouïr
  Du plaisir que telle personne
  Pourra donner, faisant ouïr
  Le plaisir qu'aux grands seigneurs donne
  La haute Volerie, au lieu
  Ou ore pour Milan, & ore

On vole pour Heron encore,
Pour Chat-huan & Fauperdrieu.
Si toſt que le Milan ſe voit
Vn haut cri la veuë accompagne,
Le Duc que porté lon auoit
Eſt ietté deſſus la campagne,
Pour faire le Milan baiſſer,

*   *

Au ciel comme luy ſe trouſſer.
Quelques autres Sacres à mont
Sont iettez, & mainte venuë,
Preſque iuſques dans le ciel vont
Donner à leur proye cogneuë,

*   *

Quand ceſte meſlee au ciel faite
Se perd quaſi de l'œil, qu'on iette
Apres tous autres le Gerfaut.
L'vn braue & fort, depuis le bas
Iuſqu'au plus haut de pareille aile,
Ne de façon ne monte pas
Que les Sacres : mais en eſchelle
Roide & ſoudain ſe vient⁸ hauſſer
Droit au Milan, que par la force
D'vne ſeule venuë, il force
Du haut de trois clochers baiſſer :
Puis hauſſer, & faire on luy voit
Des fuites, mais en toute place
Nouuelle venuë il reçoit,
Tant qu'en fin la cheute ſe face
Souuent bien fort loing : Mais auant
Que commencer, dés que la proye
S'eſt veuë, touſiours on enuoye
Quatre ou cinq piqueurs ſous le vent.
Du Milan la cuiſſe ſe rompt
Auſſi toſt que la cheute eſt faite,
Puis ſoudain la curee ils font,

Et chacun y pique, & souhaite
D'arriuer premier, pour auoir
De ce Milan la queuë, pource
Que c'est le prix de telle course,
Qu'en son leurre on fait apres voir.
Or combien le vol pour Milan
A celuy pour Heron ressemble,
Pour Fauperdrieu, ou Chat-huan :
Et combien tout differe ensemble,
Par ce mesme homme se diroit,
Et i'en reciteroy la sorte :
Mesme puis qu'au faire elle apporte
Plaisir, le recit en plairoit.
Ie diroy qu'vn Heron souuent
Dans l'air, souuent se trouue en terre,
D'où l'on le fait partir, auant
Que dans l'air on luy face guerre :
Et qu'on peut de Faucons s'aider
Pour vne telle volerie,
Ou de Sacres comme lon crie
Pour de son bec faire garder.
Ie diroy qu'en ce vol il faut
Des leuriers, pour le Heron prendre,
Et qu'à l'heure qu'il chet d'enhaut,
Les oiseaux que lon a peu rendre
Si sages, crainte aucune n'ont
Des Chiens : & ces chiens qui se dressent
Ainsi si bien, iamais ne blessent
Ces oiseaux qui communs leur sont.
Ie diroy cela qu'estans pris
Par leur bec, quelques Herons rendent,
Puis la curee, & puis le pris
Que les mieux faisans en attendent :
Les bouts des ailes de l'oiseau
Pour son leurre quelqu'vn remporte,
Et au Seigneur la houpe on porte
Pour en decorer son chappeau.
Le Fauperdrieu, & l'autre aussi,

Dont l'vn comme vn Milan s'arreste
Bien peu en terre : l'autre ainsi
Qu'vn Lieure par les champs se queste,
Dans la terre où il se blottit,
Et leurs vols ne different guere
De l'vne & de l'autre maniere,
Dont en bref par mes vers i'ay dit.
Ie pourroy toucher nonobstant
Les differences qui se treuuent :
Puis d'ordre i'iroy recitant
Tous les autres vols, qui se peuuent
Par vn tel homme raconter,
Comme du Geay, de la Corneille,
De la Pie, qui fait merueille
De craqueter & caqueter :
Mais bien de l'Allouette, estant
Mesme au nombre du haut vol mise,
Qui se perd de tout œil, montant
Droit dans les cieux, où elle est prise
Par le gentil Emerillon :
Bref, de tout vol depuis la Gruë,
Qui quelquefois voler s'est veuë
Iusqu'à ce petit oisillon.
I'exprimeroy mesme les mots,
Dont comm' vn autre en Venerie,
Celuy farcira son propos
Parlant de la Fauconnerie.
Comme de *
Passager, oiseau d'vne nuë,
Ou de plusieurs choses cogneuë[6]
Tant seulement à ceux de l'art.
Comme curer, paistre, tenir,
Auoir bonne gorge, & enduire,
Emeutir, poiurer, deuenir
Pantois, & d'autres qu'on peut dire
Du traitement de tels oiseaux :
Comme il se iardine, il s'esforce,
Pannage, main, & serre, encore

ODE DE LA CHASSE.

Les longues pannes & cerceaux.
Perche, gand d'oiseau, chaperons,
 Longes, iets, veruelles, sonnettes,
Et tant d'autres si propres noms
Des choses ou d'actions faites :
Et or' pour dire en general,
Ie comprendroy toutes les choses
Qui sont en tout tel sçauoir closes,
Des Nobles sçauoir principal.
Mais ie me sen ia trop lassé
 De ma longue course, égaree
Hors du propos : l'ay trop laissé
Mon Cerf sans en faire curee :
La longueur du propos deduit,
Le chemin de ton retour passe,
Puis, peut-estre, quelque autre chasse
T'amusera iusqu'à la nuict :
Qui gardera qu'en ton retour
 Ta Maiesté tel discours oye :
Il faut que ce reste de iour
A mon premier dessein s'employe :
Ie reuien, ce me semble, au lieu
Où ce Cerf couché lon despouille,
Sur sa chasse, mort, & despoüille,
Faisant maint & maint iuste vœu.
Je luy voy couper les   *
 Puis son cuir oster ils luy viennent,
Les   *
 Auecques   *
  *

   *

On fend son cœur pour vne croix,
 Ainsi comme lon dit, y prendre,
On cherche en luy les menus droits
Qu'en ton crochet (SIRE) on vient pendre,
Entre lesquels les filets sont,

Et le francboyau qu'on aſſemble
A pluſieurs deſia mis enſemble :
D'autres droits les veneurs y ont.
Tout le ſang dont ce corps eſt plein
 Se raſſemble hors de la beſte,
 On met par morceaux tout le pain,
Cependant qu'il faut que la teſte
On ſepare, & qu'on leue auant
La hampe, & puis que lon partiſſe
Le reſte, l'vne & l'autre cuiſſe
Et les deux eſpaules leuant.
Les coſtes, le petit ſimier,
 Que le cinq & quatre on appelle,
 La piece du ſimier dernier
Qui la venaiſon monſtre en elle :
Le pain trempé au ſang ſ'eſtend
Sur le cuir, la curee on ſonne,
Qui auant qu'aux chiens on la donne,
Tant qu'ils y ſoyent tous, ſe deffend.
Tout cela qui nous rend ardans
 A le ſuiure, & qui pour la gloire
 Nous poind, & nous ard au dedans,
Nous trauaillant pour la victoire,
Donne aux vainqueurs vne fierté,
Tant ſoit de petit pris la priſe,
Vn triomphe, vne ioye épriſe,
Qui ſ'entremeſle d'aſpreté :
De cela tous ces chiens ſe font
 Vn exemple aſſez conuenable,
 Qui plus aſpres & plus fiers ſont :
Et de mainte façon merquable
Semblent recognoiſtre leur fait,
Triomphans du pris de leur peine :
Ceſte meſme victoire ameine
Les Veneurs à pareil effect :
Qui plus reſiouis, plus gaillards,
 Et brauans de leur peine priſe,
 Sont plus ardans d'auoir leur parts,

Que si grand' chose estoit conquise :
　　Chacun n'oublie à se vanter
　　De cela qu'il a sceu mieux faire,
　　Tâchant pour son plus grand sallaire
　　La gloire chez soy remporter.
Or ie voy qu'en ce temps diuers
　　Ta principale Chasse (Sire)
　　Doit estre des Discords peruers,
　　Renuerseurs de tout grand Empire,
　　Pour en les pourchassant chasser
　　La ruine qui nous menace,
　　Comme ia telle heureuse chasse
　　Dieu t'a fait si bien commencer.
Ie sçay mesme qu'en émouuant
　　Tant soit peu quelque eau croupissante,
　　Sort grand' puanteur : & qu'vn vent
　　D'vn peu de braise languissante
　　Excite souuent grand's ardeurs,
　　Et pour tels dangers ie ne cuide
　　Qu'encor' nostre France soit vuide
　　De souffleurs & de remueurs.
Ie suis seur que les grands sont pleins
　　Souuent de grande haine & pique,
　　Ne suiuant pas de ces Romains
　　La doctrine & la gloire antique,
　　Qui moins de triomphe auoient mis
　　A vaincre les forts aduersaires,
　　Qu'à vaincre les propres choleres,
　　Nos plus familiers ennemis.
I'ay grand' peur qu'vne Ambition
　　Soit d'Ambition resuiuie :
　　Ie sçay qu'en nostre nation
　　Naturelle & propre est l'enuie,
　　Et que tout cela qui en vn
　　Nous doit estreindre d'auantage,
　　Christ, le Païs, le parentage,
　　Et d'vn Roy le lien commun :
C'est cela qui seul au rebours

Nourrist en nous la haine & noise,
Par ce monstre Enuie, tousiours
Maniant nostre humeur Françoise,
Nous piquant plus contre la loy
De tous ces liens qu'on separe,
Que contre le Iuif, le Barbare,
L'Incogneu, l'ennemi du Roy.
Ce vice à nous particulier,
 Comme aux autres païs vn vice
Est tousiours propre & familier,
Nous fait (voulant faire seruice
Au Roy) luy nuire : car ialoux
Et piquez à qui estre, & faire
Pourra le plus, par vn contraire
Discord, nous perdans luy & nous.
Outre encor, ie voy (car ie veux
 Presque toutes les causes rendre,
Qui me font conceuoir ces vœus
Sur ce Cerf que tu viens de prendre)
Que mainte persuasion
Qu'en tout on croit & saincte & bonne,
Soit par zele ou ruse, se donne
Pour l'vne & l'autre faction.
Qui (peut-estre) trouuant desia
 En nous la rencontre opportune,
Qui est l'ambition qu'on a,
Compagne de ceste rancune :
Nous eguisant, nous defermant
L'esprit & l'œil, au soustien d'elle
Et toutes choses, fors icelle,
Va nos sens & nos yeux charmant.
C'est ce qui fait que nous trouuons
 Du tout bon ce qui est des nostres,
Que nous hayons & dédaignons,
Fut-il bon, ce qui est des autres :
Puis les vns se voulant hausser,
Peut-estre, sur les proches Princes,
Et tant du Roy que des prouinces

Toutes les charges embraſſer :
Les autres ſe voulant ſentir
  Du meſpris qu'on fait à leur race
  Pour les premiers aneantir
Affrontent l'audace à l'audace :
  Et CHRIST *(qui n'en peut mais) eſt pris*
  Pour bon droit, ou pour couleur belle :
  Nos brouilleurs font de la querelle,
  Par icelle épians leur pris.
Meſme ainſi que maint enflammeur,
  Aſpre & plein de pedanterie,
  Retenant de ſa vieille humeur
  D'eſchole ou bien de moynerie :
  Ou d'autre coſté maint criart,
  Qui dedans ſa chaire extermine
  Et bruſle vn chacun, & mutine
  Le peuple, par ʒele ou par art :
Ou taſche à faire des diſcords
  Des grands, leur proffit, & leur gloire,
  Et du ſang des grands hommes morts,
  Couronner en fin leur victoire.
Pluſieurs ſeigneurs (peut-eſtre) auſſi
  Ont taſché par telle diſpute,
  De frapper le blanc de la butte,
  Où ils tiroyent deuant ceci.
Les aucuns pour hauſſer leur rang,
  Les autres pour chercher vengeance :
  Les vns pour ſ'aſſouuir de ſang,
  Dont meſme l'enorme abondance
  Aſſeʒ encor ne les repaiſt :
  Ceux-ci ont la mutinerie
  De nature, & la pillerie
  Plus que Dieu meſme à ceux-là plaiſt.
Quant à maint autre, ou à credit,
  Ou par quelque pique legere,
  Ou par des grands n'eſtre point dit
  Auoir vne ame caſaniere :
  Ou par vn deuoir, dont il ſent

Sa vie à vn seigneur estreinte :
Ou par la force, ou la contrainte
Des crimes qu'il void ou entend :
Ou pour la deffence du bien
 Que sa maison tient en l'Eglise :
L'Auarice trouue moyen
De se couurir sous la feintise :
Ou par vn éguillonnement
De femmes, d'amis, de lignage,
 Ou bien pour quelque autre auantage,
 Ruse, égard, ou transportement,
A sans rien poiser espousé
Soudain l'vne ou l'autre querelle :
Et quant à ceux qui ont vsé
En cela d'vn bon & vray zele,
Le nombre est grand, mais ie ne sçay
Si des autres le nombre ils passent :
 Et quoy qu'ils pretendent ou facent,
 En estime ie ne les ay.
Car quant aux vns ils sçauent bien
 Que CHRIST *est vn Roy pacifique,*
Dieu de paix, & seul entretien
D'vnité dans son corps mystique :
Que CHRIST *veut puis qu'il n'est permis*
 (Disent-ils) gloser l'Escriture,
 Que nous aimions ceux qui iniure
 Nous font, & nous sont ennemis :
Qu'à celuy qui va souffletant
 L'vne des ioues, l'autre on baille :
Que quand on nous va tourmentant
D'vne ville en l'autre on s'en aille :
Que les saincts anciens n'ont pas
 Deffendu leur cause par armes,
 Mais leur ieusne, priere & larmes,
 Et leur mort estoyent leurs combats.
Que ceux-ci mesmes
Nagueres ceux, qui d'vn courage
 Trop charnel en auant mettoyent,

Qu'il falloit repouſſer l'outrage,
Diſans, que bien qu'en l'ancien
Teſtament guerre & reſiſtence
Fut permiſe, telle licence
N'eſt point du Teſtament Chreſtien :
Mais que Christ par afflictions,
Par tourmens, croix, & vitupere,
Veut qu'en l'enſuiuant nous entrion
Au royaume de Dieu ſon pere :
Du ſang des ſaincts l'effuſion,
Et ſemence continuelle
De l'Egliſe, & la merque d'elle,
N'eſt que ſa perſecution.
Tant que par leur dire voulans
Faire ceſſer par force & armes,
Les maux, les aſſauts violens,
Perſecutions, & alarmes
En leur Egliſe, ils font ceſſer
La merque qui la fait cognoiſtre :
Et ce nom en eux ne peut eſtre
Qu'à eux ſeuls ils vouloyent laiſſer.

* * * *

NOTES

1. ODE DE LA CHASSE, p. 1.

Ce petit poëme était de nature à intéresser Charles IX, qui avait pour la chasse une véritable passion, et qui lui-même écrivait sur la vénerie. On peut consulter sur ce point l'intéressante *introduction* de l'ouvrage intitulé : *Liure du Roy Charles. De la chaſſe du cerf. Publié pour la première fois, d'après le manuſcrit de la bibliothèque de l'Inſtitut*, par Henri Chevreul. Paris, Aubry, 1859, in-8º.

Charles de la Mothe nous prévient que cet ouvrage « n'eſt ici à moitié ». (Voyez tome I de notre édition de Jodelle, p. 6.) Non-seulement il n'est pas terminé, mais il présente de nombreuses lacunes. Jodelle ne connaissait sans doute pas par lui-même tous les termes de la vénerie, et il comptait se renseigner auprès de quelqu'un de spécial, comme le fit Molière lorsqu'il demanda à M. de Soyecourt les mots du même genre qu'il plaça dans ses *Fâcheux*. La rédaction de ce poëme est souvent obscure et embarrassée. Les éditions s'accordent parfois de la manière la plus malheureuse pour reproduire des fautes évidentes. (Voyez les notes 3 et 4.)

2. *Parfaites pour mon trop ieune age*, p. 3.

C'est-à-dire : à cause de mon trop jeune âge. C'est le texte de la première édition; la seconde substitue *par* à *pour*, ce qui donne un faux sens.

3. *Pource que ſe trouuans formees*, p. 6.

Il y a *fermées* dans les deux éditions; mais c'est assurément une faute, ainsi que le prouve surabondamment ce passage du *Liure du*

Roy Charles que nous transcrivons ici comme le meilleur et le plus sûr commentaire des vers de Jodelle: « Le cerf ne iecte ſes fumees qu'en trois diuerſes ſortes. Car l'on ne compte poinct celles qu'il faict durant le rut & l'Hyuer, à cauſe qu'elles ſont desfaictes ; la premiere eſt en plateau, c'eſt à dire que l'excrement qui ſort de ſon corps eſt de la meſme forme d'vne bouze de vache, mais non de la couleur : car elle eſt vn peu plus verte... Trois ſemaines apres que le Cerf eſt remply du viandis qu'il prend, & que ſon boyau eſt plus eſtreſſy à cauſe de la graiſſe, ſelon la forme dudict boyau il iecte ſes fumées qui ſont en torches. Apres comme il a la chaleur plus grande dedans le corps, à cauſe de la venaiſon, elles ſe ſéparent d'enſemble, & ſortent formées & en crottes, comme ſont celles d'vne Cheure, mais plus groſſes. » (Chapitre V. *Des fumées du cerf*, p. 17 et 18.)

4.   *Soit que lors du Vautray l'on face,*
      Ou d'autres façons le diſcours, p. 10.

On lit dans les deux éditions : *Ou d'autres façons de diſcours*, ce qui ne donne point de sens satisfaisant.

5. *Se vient*, p. 16.

Ainsi dans la première édition ; *Se voit*, dans la seconde.

6. *Ou de pluſieurs choſes cogneuë*, p. 18.

Les deux éditions donnent *cogneuë* au singulier ; la rime le demande ainsi ; mais le sens le veut au pluriel.

www.ingramcontent.com/pod-product-compliance
Lightning Source LLC
Chambersburg PA
CBHW060723050426
42451CB00010B/1596